AUX ÉLECTEURS.

LE

DROIT DE SUFFRAGE

ET

SES CONSÉQUENCES

Prix : 50 centimes.

PARIS,

A. LE CHEVALIER, ÉDITEUR, RUE DE RICHELIEU, 61,

SE VEND CHEZ TOUS LES LIBRAIRES.

1869.

LE
DROIT DE SUFFRAGE

ET

SES CONSÉQUENCES.

CHAPITRE 1er.

L'ennemi commun.

Rien de plus aisé que de décréter la souveraineté d'un peuple : cela se fait d'un trait de plume un jour de révolution.

Mais un décret n'improvise pas des citoyens : avant que ce peuple soit en état de se servir de sa souveraineté, on risque de voir s'écouler bien des jours et se commettre bien des sottises. Le suffrage universel reposant sur un principe de droit naturel et non sur le droit écrit, on ne peut pas plus se refuser logiquement à le reconnaître que songer pratiquement à le reprendre.

Il ne s'agit donc pas de rechercher si sa proclamation a été trop hâtive, si l'on a mis ou non la charrue devant les bœufs : le plus sage est d'accepter franchement ce que l'on n'a ni le droit ni le pouvoir d'empêcher et d'en tirer le meilleur parti possible.

Je suis convaincu d'ailleurs que c'est surtout par l'exercice de sa souveraineté et par ses fautes même qu'une nation s'instruit et s'élève.

Seulement, nous sommes en face d'un fait déplorable : l'impuissance absolue pour les neuf dixièmes des électeurs de voter avec connaissance de cause.

Le suffrage universel les a surpris en pleine ignorance des affaires publiques. Voilà vingt ans que nous vivons sous son régime : qu'y a-t-il de changé dans leur situation intellectuelle ? Quel pas ont-ils fait vers la lumière ?

Nous ne saurions cependant vivre avec cette épée de Damoclès éternellement suspendue sur notre tête. Il y a péril en la demeure : d'une heure à l'autre un vote inintelligent peut compromettre nos intérêts les plus chers et nous entraîner dans des crises redoutables.

Dans un pays où la volonté nationale est le point de départ de toute autorité, il serait plus que naïf de compter indéfiniment sur l'adresse ou l'énergie d'un gouvernement quelconque pour diriger à sa guise cette volonté et l'empêcher de prendre le mors aux dents.

La politique la plus habile n'est qu'un palliatif impuissant à donner la sécurité du lendemain ; quant à la compression, elle n'a qu'un temps et crée bientôt un danger de plus : c'est en comprimant trop la vapeur qu'on fait éclater la chaudière.

Que peuvent de tels freins contre une telle force ? Il me semble voir un géant retenu avec des fils de soie : au moindre mouvement il rompra ces liens dérisoires.

Si l'on veut une stabilité vraie et durable, il ne faut la demander ni à une feuille de papier, ni à un homme : il faut la placer au cœur même de la nation et chercher des garanties dans son état intellectuel et moral. Je fais à tous les hommes publics de mon pays, à quelque parti qu'ils appartiennent, l'honneur de les croire uniquement préoccupés des intérêts de la France et du progrès de l'humanité. Je ne comprendrais pas que, dans une situation aussi grave, des divergences d'opinion ou des rancunes politiques empêchassent les gens de cœur de s'unir contre l'ennemi commun : l'ignorance du peuple souverain.

Tant que les masses voteront en aveugles, tant qu'elles ne sauront rien de l'organisation de leur pays, tant qu'elles ne se seront pas pénétrées des grandes vérités économiques, tant enfin qu'elles ne connaîtront pas mieux la valeur des mots et des choses, elles se tromperont sur les choses et se laisseront prendre par des mots ; elles seront les dupes des ambitieux et la proie facile des utopistes ; elles nous mettront à chaque instant à deux doigts d'un épouvantable gâchis.

Un bulletin de vote dans ces mains inexpérimentées est aussi menaçant qu'un fusil : elles ont tiré hier sur la liberté ; qui sait si demain elles ne tireront pas sur la société elle-même ?

L'éducation du peuple ne se fera pas en un jour ; raison de plus pour l'entreprendre sans retard : le temps perdu nous a déjà coûté assez cher, il pourrait nous coûter plus encore dans l'avenir.

Mettons-nous donc tous à l'œuvre avec vigueur et ensemble.

Plus d'illusions, de subterfuges, de palliatifs décevants, et surtout plus d'antagonisme. Il ne doit désormais subsister d'autre parti que celui du salut public.

Que les amis de l'ordre s'unissent sans arrière-pensée aux amis de la liberté : plus que jamais les deux causes ne font qu'une.

Puissent les conservateurs se convaincre enfin que c'est l'ignorance et non la liberté qui menace l'ordre social ; puissent, de leur côté, les libéraux comprendre que le meilleur moyen d'arriver vite est de marcher lentement et que l'instruction du peuple est la voie la plus rapide et la plus sûre pour obtenir la réalisation complète et définitive de leurs vœux.

Cet appel sera-t-il entendu ? La réconciliation de tous les hommes vraiment dévoués à la chose publique s'opérera-t-elle ? Les tentatives encore informes d'union libérale auxquelles nous assistons depuis quelque temps sont-elles les préludes d'un grand mouvement d'opinion ? Sur les débris des anciens partis qui n'ont plus de raison d'être, le grand parti de l'ordre dans la liberté est-il à la veille de se constituer ?

Je le désire si ardemment que je l'espère presque.

Quoiqu'il advienne de ces espérances, comme le temps presse, que les élections approchent, je veux toujours hasarder quelques modestes conseils ; trop heureux si je réussis à éclairer un peu la route et si mon exemple est suivi par de plus habiles et de plus autorisés.

CHAPITRE DEUXIÈME.

Embarras des électeurs.

On ne remplit bien ses devoirs de citoyen qu'à la condition de comprendre l'importance de ses droits.

On ne garde bien que les droits dont on sait garder les devoirs.

Voilà qui est court, facile à retenir, et si vous savez, électeurs, mettre à profit ces deux maximes, vous ferez de la bonne besogne.

Malheureusement, jusqu'alors beaucoup d'entre vous ne connaissent leurs droits et leurs devoirs civiques que par la carte d'électeur qu'ils reçoivent de loin en loin. Cette carte vous flatte certainement : on est toujours un peu fier, et avec raison, d'exercer dans un pays comme la France sa cote part de souveraineté ; mais si elle vous flatte, peut-être vous gêne-t-elle plus encore, et avez-vous bonne envie de ne pas vous en servir ?

Vous auriez tort : le droit de suffrage impose l'obligation de voter.

S'abstenir, soit par indifférence, soit parce qu'on ne se croit pas assez édifié sur le choix à faire, c'est s'exposer à donner gain de cause à un parti organisé et discipliné, au grand détriment parfois des intérêts publics.

Une voix suffit pour faire passer un candidat à la place d'un autre : nul n'est donc autorisé à se prévaloir de ce qu'il n'est qu'une unité insignifiante, pour ne pas aller déposer son bulletin.

Mieux vaut encore, direz-vous, ne pas voter, que mal voter.

Sans doute, aussi faut-il tâcher de bien voter.

C'est difficile, j'en conviens, et la situation est embarrassante.

Vous vous trouvez en présence de deux candidats.

Tous deux vous sont, la plupart du temps, personnellement inconnus, surtout s'il s'agit de candidats au Corps législatif. Quand même ils auraient déjà fait partie d'une assemblée, vous n'en seriez guère plus avancés, car avec votre ignorance politique, vous ne pouvez apprécier la portée de leurs discours ou de leurs votes.

Si ce sont des hommes nouveaux, à plus forte raison, ne savez-vous rien d'eux. Vous n'avez pour vous renseigner que leurs circulaires, les journaux et les dires des personnes qui soutiennent leur candidature.

L'un est appuyé par l'administration et ses agents ; l'autre par l'opposition. Il va de soi que chacun des deux camps prône chaudement son candidat et ne ménage pas l'adversaire. Le gouvernement profite de l'occasion pour dire beaucoup de bien de lui et beaucoup de mal de l'opposition qui, de son côté, se montre aussi satisfaite d'elle-même que mécontente du gouvernement. Chacun, en outre, ne manque pas de promettre monts et merveilles si on l'écoute, et d'annoncer une foule de calamités, si l'on a le mauvais goût de n'en rien faire. Comment se débrouiller au milieu de ces contradictions ? Pour découvrir de quel côté est la raison, il faudrait être un peu plus ferrés que vous ne l'êtes sur les affaires publiques.

Toujours le même obstacle.

Une idée lumineuse vous vient : c'est de vous en rapporter à des personnes plus instruites que vous et à qui vous puissiez vous fier.

Vous avez précisément l'heureuse chance de connaître quelques hommes honnêtes et éclairés.

Vous interrogez l'un d'eux, qui vous conseille carrément de voter pour le candidat de l'opposition, et appuie son avis de raisonnements que vous ne comprenez pas très-bien, mais qui vous paraissent concluans. Vous le remerciez et vous en allez fort contents d'être sortis d'embarras.

En chemin, vous en rencontrez un autre dans la probité et les lumières duquel vous avez une égale confiance, et vous n'êtes pas fâchés de connaître aussi son opinion. Inspiration désastreuse ! Celui-là vous engage très-vivement à opter pour le candidat du gouvernement, et vous donne à son tour des raisons que vous ne saisissez point parfaitement, mais qui ne vous semblent pas plus mauvaises que celles du premier.

Vous voilà plus indécis que jamais, et tout ahuris d'entendre des hommes droits, intelligents, d'un jugement sain, exprimer des opinions si différentes sur le même sujet.

Comme vous vous heurterez souvent à des contradictions de ce genre, une petite explication ne sera peut-être pas de trop. Elle ne nous détourne pas d'ailleurs de notre sujet autant qu'elle en a l'air, et vous y puiserez, je l'espère, quelques notions utiles.

CHAPITRE TROISIÈME.

**Causes des divergences d'opinion. — L'esprit de parti.
Le peuple coupable de son ignorance.**

Des causes nombreuses influent sur nos opinions : notre éducation, le milieu où nous vivons, notre tempérament, la direction habituelle de nos idées, la nature de nos travaux, tout concourt à nous montrer les mêmes choses sous des aspects quelquefois très-contraires. Il est à noter d'ailleurs, en politique surtout, que les bons esprits se séparent moins sur le fond des questions que sur la forme, sur le but lui-même que sur les moyens de l'atteindre et l'opportunité de leur emploi.

Ainsi, à part quelques entêtés qui s'obstinent dans l'admiration du passé et quelques aveugles qui se refusent à croire au progrès, tout le monde admet : qu'une politique sage doit rechercher l'amélioration matérielle, intellectuelle et morale du plus grand nombre ; que l'humanité tend incessamment à la liberté, à la lumière et à l'atténuation progressive des inégalités de hasard ou de convention.

Seulement, où l'on cesse de s'entendre, c'est sur la meilleure route à suivre pour en arriver là. Ceux-ci, dans leur folle impatience, veulent en quelques bonds franchir la distance ; ceux-là, dans leur désespérante timidité, multiplient les étapes et les haltes.

Il y a tout à parier que la vérité se trouve entre ces deux extrêmes.

Les idées sont comme les fruits. Il ne suffit pas qu'ils soient de bonne qualité, il faut encore qu'ils soient mûrs ; mais on ne doit pas non plus attendre pour les cueillir qu'ils se dessèchent, ou qu'ils pourrissent sur l'arbre : beaucoup même n'achèvent leur maturation qu'après avoir été cueillis.

De même, telle réforme peut être excellente en soi, mais vouloir la réaliser avant que les esprits n'y soient préparés, c'est risquer de tout compromettre. Ce n'est pas cependant une raison pour l'ajourner indéfiniment, car c'est souvent sa mise en pratique qui doit achever l'éducation des esprits.

Cette appréciation exige un tact délicat, et il n'est déjà pas si aisé de marcher d'un pas politique raisonnable, ni trop rapide ni trop lent. On peut à cet égard se tromper de très-bonne foi, sans être pour cela un imbécile ou un écervelé.

Plusieurs enseignements ressortent de ce que je viens de dire.

Premier enseignement : il ne faut pas nous hâter de mal augurer de l'intelligence et des intentions de quiconque ne pense pas comme nous ; tous les partis comptent des hommes excellents, éclairés et dévoués au bien public : nous ne devons donc jamais considérer nos adversaires politiques comme des ennemis.

Combattons franchement leur manière de voir et cherchons, par de bonnes raisons, à les ramener à la nôtre ; écartons-les des affaires, et remplaçons-les par des hommes qui joignent à une égale honorabilité des idées plus en harmonie avec les nôtres : c'est légitime et prudent ; mais, jusqu'à preuve certaine du contraire, croyons à leur sincérité, et traitons-les en gens dignes d'estime.

Le jour où ce que l'on nomme si improprement l'esprit de parti, (ce que j'appellerais bien plutôt la sottise des partis), n'empêchera plus les hommes d'opinions diverses de se juger mutuellement avec équité et modération, on aura fait un grand pas, non-seulement vers l'apaisement des passions politiques, mais encore vers la solution des questions les plus épineuses ; car rien ne nuit à leur avancement comme la forme ardente et souvent hostile sous laquelle on les présente et on les combat.

Second enseignement : toute exagération dans un sens en entraîne une autre dans un sens opposé.

S'il n'y avait pas tant d'impatients cherchant à imprimer au progrès un mouvement trop accéléré, on verrait moins d'hommes intelligents et honnêtes s'entêter à la résistance, immobiliser la politique et retourner même en arrière. Si, d'autre part, il n'y avait pas tant de gens timorés marchandant les réformes les plus légitimes, on verrait moins d'esprits, remarquables d'ailleurs par leurs lumières et leur sain jugement, s'exalter contre l'obstacle et chercher à arracher d'un coup ce qu'on s'obstine à ne leur accorder que par bribes, et avec une craintive parcimonie.

Troisième enseignement, qui vaut son pesant d'or si vous daignez en tenir compte : — pour que des hommes, d'une sagacité incontestable et dévoués à l'intérêt général, résistent si énergiquement à la concession de libertés nouvelles dont ils reconnaissent certainement la légitimité, et qui au fond du cœur leur agréeraient probablement autant qu'à personne, il faut qu'ils aient des motifs bien puissants.

Ce qui les arrête, ce qui les effraie, c'est la situation intellectuelle et morale de la majorité des électeurs, de ce que l'on a l'habitude d'appeler le peuple. (Comme si le peuple ce n'était pas tout le monde, grands, moyens et petits, riches et pauvres, savants et ignorants)!

Ce peuple, il est de mode de le flatter, de lui reconnaître toutes les vertus, tous les droits, et de le soulager de tous les devoirs.

C'est peut-être un moyen facile de se faire un marche-pied ou de se préparer un piédestal, mais alors c'est un moyen criminel.

La flatterie qui s'adresse aux rois est basse et coupable ; celle qui s'adresse aux peuples est bien plus condamnable encore et plus funeste dans ses résultats. Les rois sont payés pour ne pas s'y méprendre ; ils doivent savoir ce que valent les paroles et les protestations des courtisans. Les peuples, eux, s'y trompent d'autant plus aisément qu'ils ne sont pas défendus par la conscience personnelle contre ces flatteries collectives. Et puis, quand de vils flatteurs ont poussé les rois à leur ruine, le mal n'est pas sans remède : la nation est là pour le réparer, souvent même pour en profiter. Mais s'ils y poussent le peuple, tout est perdu, car derrière le peuple il n'y a rien.

Le plus bel hommage, d'ailleurs, à rendre à une nation que l'on veut libre est de la croire digne d'entendre la vérité sur ses défauts et sur ses fautes. Eh bien ! lorsque tant d'hommes reculent encore devant la pratique de la liberté parce qu'ils redoutent le caractère irréfléchi du peuple, sa mobilité, ses alternatives d'insouciance et de fougue, de méfiances déraisonnables et d'excessive crédulité, par-dessus tout son inconcevable ignorance, ont-ils donc si grand tort ?

Depuis le jour où on lui a rendu le plein exercice de ses droits, quels efforts a-t-il faits pour se mettre en état de les remplir ? Paraît-il seulement réfléchir à la lourde responsabilité qui pèse maintenant sur lui ? A-t-il sérieusement essayé de s'éclairer sur les affaires de son pays, alors que son vote peut avoir sur elles une influence énorme, exorbitante ?

Je sais bien que la faute n'en est pas à lui seul : depuis vingt ans, personne n'a rempli complètement ses devoirs : on a comprimé tous les enseignements qui manifestaient des allures quelque peu indépendantes ; les libéraux eux-mêmes, dégoûtés par les obstacles qu'on leur suscitait à tout propos, n'ont pas su profiter du peu de latitude qu'on leur laissait. Tant il est vrai qu'on ne peut préparer à la liberté qu'au sein de la liberté !

Le peuple de son côté avait contre lui les difficultés de sa vie, des habitudes invétérées, des goûts et des plaisirs qui ne sont pas de ceux qui élèvent et qui lui ravissent son peu de loisirs ; il ne savait enfin où trouver les éléments de cette instruction civique qu'à l'heure qu'il est on n'a pas encore su mettre sérieusement à sa portée.

Mais au moins il pouvait donner quelques gages de bonne volonté.

Il était permis d'espérer que le sentiment de sa dignité allait grandir avec ses droits et qu'il aurait l'amour-propre, je devrais dire la probité, de chercher la lumière, et de la réclamer comme un droit sans lequel tous les autres sont illusoires et dangereux.

Il n'en a rien été.

Que l'on ne se plaigne pas de la sévérité de ces reproches.

Quand ceux qui les méritent comprendront le mal que leurs votes inintelligents ont déjà causé, celui qu'ils peuvent causer encore, ils trouveront dans leur conscience un juge bien autrement rigide.

Que le peuple daigne se pénétrer de la situation : les destinées de la France reposent sur lui, et l'avenir de la civilisation dépend des efforts qu'il fera pour s'élever à la hauteur de son rôle.

Il faut à tout prix que d'ici à peu d'années cette tache d'ignorance soit lavée. Nous l'y aiderons de tout notre pouvoir, mais, par pitié pour la patrie, qu'il s'aide un peu lui-même.

Qu'il ne néglige aucun des moyens de s'instruire déjà existants.

Qu'il fréquente assidûment les cours d'adultes ; qu'il demande avec nous l'addition à leurs programmes des connaissances indispensables aux citoyens.

Qu'il mette à profit les bibliothèques populaires ; elles renferment déjà bien des livres utiles : ils se multiplieront certainement au fur et à mesure qu'on le verra mieux décidé à les lire.

Qu'il encourage les conférences par son zèle à les suivre ; grâce à la ligue de l'enseignement elles se développeront bientôt sur une vaste échelle : avis à lui.

C'est là et non au cabaret ; c'est où l'on s'élève et non où l'on s'abrutit, qu'est la place d'un peuple souverain.

CHAPITRE QUATRIEME.

La science politique tend à se simplifier.

Je vous avais laissés fort indécis entre vos deux candidats, et tout ce que je viens de vous dire, si utile que cela puisse être à votre éducation civique, ne vous tire pas de votre embarras actuel. Mais si j'ai réussi à vous prouver que vous n'en sortirez qu'à la condition de vous instruire, je n'aurai pas perdu mon temps.

Après tout la politique n'est pas aussi compliquée qu'on pourrait le croire.

Autrefois, quand les gouvernements reposaient sur des principes faux ou incomplets, ils étaient obligés d'inventer des combinaisons plus ou moins savantes pour se tenir en équilibre sur leurs pointes d'aiguilles. Leur politique s'égarait dans le dédale des ambitions personnelles ; ils embarrassaient ses mouvements dans un système très compliqué d'engrenages et de contrepoids ; ils la promenaient par les voies les plus tortueuses afin de faire mieux perdre de vue au peuple ce que leurs droits et leur origine avaient de défectueux.

Mais depuis qu'ils se sont assis sur leur base naturelle, la souveraineté populaire, leur mécanisme s'est singulièrement simplifié.

Ils sont obligés de compter avec l'opinion et de vivre au grand jour.

Tout ce qui était fiction et convention tend à disparaître ; les brouillards dont s'enveloppaient les anciennes administrations et la vieille diplomatie se dissipent : l'heure est proche où la politique, dépouillée de tous ses secrets, se réduira à l'application d'un petit nombre de principes d'une compréhension facile.

Admirable et providentielle harmonie ! Le jour où tous les citoyens sont appelés à participer au gouvernement de leur pays, les rouages de ce gouvernement devaient, par leur simplicité, se trouver à la portée des esprits les plus humbles : il fallait que cela fût, et cela est ainsi.

Si vous voulez bien me prêter un peu d'attention, nous allons étudier ensemble ceux de ces principes qui se rattachent le plus directement à votre droit de suffrage.

CHAPITRE CINQUIEME.

Considérations générales sur le droit de suffrage.

Les hommes ne sont pas faits pour vivre dans l'isolement : l'instinct impérieux de la sociabilité, la multiplicité de leurs besoins si peu en rapport avec leur faiblesse individuelle, le caractère communicatif de leur intelligence, leur perfectibilité, tout les pousse à se réunir en groupes. Ils cherchent et doivent trouver, dans l'état de société, la satisfaction plus facile de leurs besoins ; le développement mieux assuré de leurs facultés ; une protection efficace contre leurs ennemis naturels, contre les abus de la force et la trahison ; la paisible jouissance des fruits de leur travail ; la consécration des sentiments et des droits de la famille, le premier et le plus légitime de tous les groupes ; enfin un égal respect de la liberté de chacun, sans autre limite que la liberté d'autrui.

Si la majorité des membres d'une société, au lieu d'y rencontrer ces avantages et cette sécurité, est opprimée par un seul ou par quelqnes-uns, il est évident qu'elle a toujours le droit, et, à un moment donné, le pouvoir de briser de tels liens et de se reconstituer sous une forme plus équitable. Il en résulte que tout contrat social doit, indépendamment même de la question de droit et de moralité, obtenir l'assentiment et avoir en vue l'intérêt du plus grand nombre, sous peine de risquer à chaque instant d'être déchiré.

A une société il faut une règle, des lois, une autorité quelconque qui en assure l'exécution. Cette règle, ces lois, qui les lui donnera ? Quelle sera cette autorité, d'où viendra-t-elle ?

Si Dieu avait entendu que certains individus, certaines familles, commandassent aux peuples et leur imposassent leur volonté, il les aurait dotés à cet effet de vertus spéciales, d'une supériorité native, éclatante ; il leur aurait même apposé un sceau tel que personne ne pût douter de leur mission.

Or, je vois dans l'histoire une longue liste de rois, mais il faudrait plus que de la bonne volonté pour reconnaître chez eux rien qui légitimât leurs prétentions à ce rôle de prédestinés. A part quelques rares individualités, presque tous ne valent ni plus ni moins que le reste de l'humanité ; on est même obligé de s'avouer cette triste vérité, triste surtout pour les nations qui les ont subis, c'est que si beaucoup d'entre eux se distinguent par quelque endroit, c'est par leurs vices et leur incapacité.

Si donc nul n'a qualité d'en haut pour régir les peuples et leur donner des lois, il est naturel et légitime que, dans une société basée sur l'intérêt commun, les membres de la communauté rédigent eux-mêmes, ou du moins fassent rédiger par des délégués, le code sous lequel ils entendent vivre, et choisissent les hommes par qui ils désirent être dirigés.

Il n'est pas douteux qu'en principe les droits politiques appartiennent à tous les membres de la communauté. La question des castes est à jamais tranchée. Non plus qu'aux races royales, Dieu n'a donné à nulle caste, sacerdotale ou nobiliaire, une suprématie native qui la rende digne d'aucun privilége.

Si donc on restreignait l'exercice des droits politiques à une fraction de la nation, ce ne pourrait être qu'en vertu d'une convention, et en faisant fléchir le droit naturel devant des considérations d'intérêt social. C'est ce qui est arrivé très-fréquemment dans la pratique : tout en reconnaissant la souveraineté nationale comme le point de départ obligé, la seule origine logique de toute autorité, on a longtemps reculé, beaucoup de pays reculent encore, devant son application complète. On a été effrayé des dangers que pouvait faire courir à la chose publique l'immixtion aux affaires de masses ignorantes, mobiles et crédules : on a cherché des garanties d'ordre et de stabilité dans la restriction des droits politiques à certaines catégories de citoyens.

Un des systèmes le plus souvent employé consiste à n'accorder ces droits qu'aux citoyens payant une somme assez élevée de contributions directes. Ce système, au premier abord, présente d'assez grands avantages : il ne ferme absolument la porte à personne, chacun pouvant à la rigueur arriver à la fortune ; il semble donner un assez bon étalon de la valeur individuelle, puisque, dans la société moderne, l'aisance passe en général pour être le signe représentatif d'un travail personnel ou accumulé uni à une moyenne raisonnable d'intelligence et d'instruction ; il paraît être un gage de maturité, de progrès prudent et de stabilité, en n'accordant d'influence qu'à des hommes intéressés par position à ce que la société marche dans le calme et l'ordre vers de sages améliorations.

Ces avantages apparens étaient compensés, il est vrai, par des inconvénients beaucoup plus réels : la masse des travailleurs, privés de tous droits, n'avaient pour défendre leur cause dans les sphères officielles, que des hommes dont les intérêts n'étaient pas les leurs et se trouvaient même souvent en antagonisme.

La fortune est loin d'ailleurs d'être toujours le fruit du travail, de l'intelligence, de l'instruction, de la sévère probité : ne va-t-elle pas tous les jours à l'intrigue, à la spéculation véreuse, au charlatanisme ignorant, à la médiocrité effrontée ? Ce que l'on espérait gagner en stabilité, ne risquait-on pas de le perdre, et au-delà, du côté du progrès, et n'était-ce pas une étrange illusion d'attendre de ces hommes, qui se trouvaient si bien du *statu quo,* des améliorations en dehors de ce qui les touchait personnellement ?

Nous avons vu ce système à l'œuvre, et ses inconvénients ne se manifestèrent que trop dans la pratique.

Le régime censitaire créa au sein de la nation un pays légal qui se préoccupa beaucoup trop des intérêts de la bourgeoisie d'où il sortait.

Comme sans la fortune on ne jouissait d'aucun droit dans l'état, s'enrichir fut le mot d'ordre général.

Tout devint matière à trafic. Par la faute du système, bien plus que par celle des hommes, une triple corruption s'établit du gouvernement à la majorité, de la majorité au gouvernement et à l'électorat. La moindre tentative de réforme souleva des clameurs parmi les satisfaits et la politique s'immobilisa dans l'horizon étroit et artificiel du pays légal.

Quant à la stabilité, on put voir ce qu'elle valait. Un coup de vent suffit pour abattre ce pouvoir qui semblait si bien assis, mais qui avait voulu vivre en dehors des masses, et les avait imprudemment désintéressées de sa cause.

Si du moins on avait pu asseoir l'électorat sur l'intelligence et l'instruction, sans prendre la fortune pour point de repère. On se souvient qu'en 1848, lors de la fameuse campagne des banquets, qui amena la révolution, l'opposition demandait l'adjonction des capacités. Cette concession eût à ce moment été un progrès : elle aurait atténué ce qu'avait de démoralisateur la prépondérance accordée à l'argent, et si le gouvernement d'alors ne s'y était pas refusé avec obstination, peut-être ne serait-il pas tombé.

On aurait certainement rencontré de grandes difficultés pratiques ; cependant, dans les limites proposées et en conservant le cens, la réforme était possible ; elle eut pour un temps satisfait l'opinion, et permis de préparer l'avenir.

Mais si on voulait prendre les lumières pour unique base des droits politiques, ce qui pourtant serait si désirable, je ne vois pas trop comment on procéderait. Impossible en pareille matière de rien livrer à l'arbitraire. Faire passer des examens spéciaux serait tout bonnement absurde. Il faudrait donc établir des catégories bien définies, se baser soit sur des diplômes, soit sur l'exercice de certaines professions impliquant un degré suffisant de savoir. Mais quelles seraient les professions privilégiées ? Pourquoi celles-ci et point celles-là ? A quel degré d'instruction s'arrêterait-on ?

Admettrait-on, par exemple, que tout bachelier ès-lettres, ou ès-sciences serait électeur ? A chaque pas on se heurterait à l'impossible.

Du reste, indépendamment de leurs inconvénients ou de leur impossibilité, tous les modes de suffrage restreint portent dans leur restriction même un vice radical.

En privant de leurs droits politiques la majorité des membres du corps social, ils enlèvent à la loi sa meilleure sanction et rou-vrent la porte aux révolutions violentes.

Tout n'est pas rose dans les sociétés humaines, et pour le plus grand nombre, malgré un travail pénible, la vie matérielle est difficile et précaire ; si dans ces conditions une minorité mieux pourvue des biens de la fortune détient l'autorité et fait la loi, la masse aura une tendance inévitable à accuser de ses malaises cette autorité et cette loi qu'elle n'aura pas ratifiées : elle les considérera comme des ennemis plutôt que comme une sauvegarde, et finira tôt ou tard par se révolter contre elles. Dans un pays au contraire où tous les hommes, parvenus à l'âge civique, coopèrent à titre égal à la direction de la chose publique par le libre choix de leurs législateurs et de leurs gouvernants, la désobéissance à la loi est sans excuse : l'insurrection ne peut plus invoquer le droit d'une nation asservie, se soulevant contre ses oppresseurs : c'est un acte de factieux, une entreprise insensée contre le droit commun, un véritable crime de lèse souveraineté du peuple. Si la majorité souffre, elle ne saurait s'en prendre qu'à elle-même, aux circonstances ou à de dures, mais inévitables, nécessités sociales. Elle est toujours maîtresse de modifier les lois qui lui semblent mauvaises, et de se débarrasser des hommes qui ne lui conviennent pas ; elle n'a pas besoin d'un fusil : elle a mieux entre les mains, elle a son bulletin de vote.

Le suffrage universel présente donc d'immenses avantages.

Il fonde l'état social sur l'assentiment du plus grand nombre.

Il enlève toute excuse au désordre et à la violence.

Il ne fait pas dépendre le salut public de la valeur et des bonnes intentions d'un homme, mais de la volonté de tous.

Il met le droit naturel à la place de conventions toujours boiteuses, et rend aux lois leur prestige et leur sanction la plus sûre en les appuyant sur une origine indiscutable.

Il déplace le principe d'autorité, mais, loin de l'amoindrir, il le grandit en élargissant sa base : ce qu'il lui fait perdre en cohésion, par son extension et l'impersonnalité de son action, il le lui fait regagner en force par la légitimité qu'il lui donne.

A côté de cela il offre un danger que j'ai déjà signalé : l'ignorance de la majorité des électeurs. Heureusement ce danger, dont on ne m'accusera pas, après ce que j'en ai dit, de méconnaître la gravité, est de ceux que l'on peut conjurer dans leur cause.

Nous avons sans doute à traverser des passes périlleuses, et ce ne sera pas trop des efforts de tous les hommes de bonne volonté pour en sortir sans naufrages ; mais c'est, si on le veut bien, l'affaire d'une ou deux générations, et nos petits fils, qui navigueront dans les eaux calmes d'une démocratie intelligente, ne sauront que par l'histoire combien sont menaçants les écueils de l'ignorance.

CHAPITRE SIXIÈME.

Conséquences du droit de suffrage. — Parenthèse sur l'égalité.

On ne peut admettre le principe de la souveraineté du peuple, et le suffrage universel, sans accepter les conséquences qui en découlent.

La première est l'égalité politique de tous les citoyens. Elle repose en droit sur la nature même des sociétés humaines, ainsi que je l'ai démontré au chapitre précédent.

Elle est aujourd'hui consacrée en pratique par ce fait que les votes se comptent et ne se pèsent pas, que celui d'un millionnaire ou d'un membre de l'institut ne vaut ni plus ni moins que celui du plus humble artisan.

C'est là de l'égalité, ou je ne m'y connais pas.

Je me permets d'ouvrir ici une parenthèse sur l'étrange façon dont le Français comprend généralement l'égalité. Vain et léger, s'attachant plus aux apparences qu'à la réalité de la grandeur, il la demande à la position et non à la valeur intrinsèque ; aussi, ne voit-il guère dans l'égalité que le droit de monter le plus de degrés possible de l'escalier social, dût-il pour cela marcher sur ses voisins. Il ne déteste pas absolument que quelques individus soient plus haut que lui : cela lui procure l'inappréciable agrément de crier après eux et de chercher à les faire tomber. Il est content, en somme, pourvu qu'il monte, se considère naïvement comme l'égal de tout ce qui est au-dessus de lui, et jette un regard de magnifique dédain sur les pauvres diables qui sont restés au-dessous.

Quelquefois, pourtant, il est pris d'un autre travers et devient niveleur : cela lui arrive de préférence quand il est retenu par un obstacle insurmontable au bas de l'escalier. Dans ce cas, tout ce qui ressemble à une marche ou à un échelon lui déplait singulièrement, et il ne veut entendre parler que de sociétés de plein pied.

En d'autres termes, avoir le droit de porter un aussi bel habit que n'importe qui ; ou, si l'on ne peut avoir qu'une veste, s'efforcer de couper les pans aux habits des autres : voilà ce que l'on entend en France par égalité.

Une telle manière de voir laisse quelque peu à désirer du côté du sens commun et demande à être rectifiée.

Et d'abord, en quoi sommes-nous égaux ? quelles inégalités nous séparent ?

Nous sommes égaux comme personnes morales, car nous sommes les fils d'un même père qui ne tient compte à chacun de nous, petits ou grands, que des efforts accomplis. C'est là l'égalité sérieuse, l'égalité devant Dieu.

Nous sommes encore égaux devant l'urne du scrutin en face de laquelle chacun compte pour un dix millionnième de souverain.

Nous sommes enfin égaux devant la loi, qui nous doit à tous, sans distinction de rang, la même protection.

Nous sommes inégaux du fait de la nature, en force, en intelligence, en aptitudes.

Nous le sommes encore du fait de la société, selon que nous naissons riches ou pauvres, dans un palais princier ou dans le taudis d'un chiffonnier.

Nous le sommes enfin de notre propre fait, et nous serions souvent plus douillettement couchés, si nous nous donnions un peu plus de peine pour faire notre lit.

Nous avons très-peu de prise sur les premières de ces inégalités : le plus sage est de nous y résigner, en compensant autant que possible ce que la nature nous a refusé, par la culture et le bon aménagement de ce qu'elle nous a donné.

Les secondes iront en s'atténuant de siècle en siècle, au fur et à mesure que la société se perfectionnera ; mais elles ne disparaîtront que lorsqu'elle atteindra la perfection, c'est-à-dire jamais.

Quant aux dernières, quoiqu'elles dépendent entièrement de notre volonté, elles seront encore plus tenaces que les inégalités sociales : car il est plus facile d'approcher de la perfection par les institutions que par les mœurs.

La morale de tout ceci est que nous souffririons bien moins des inégalités qui nous séparent si nous nous rendions mieux compte de la véritable égalité.

Le jour où nous réussirons à nous convaincre que l'homme vaut par lui-même et non par son rang, nous ne commettrons plus la sottise de sacrifier l'être au paraître ; nous nous tiendrons un peu plus tranquilles dans la position qui convient à nos moyens et à nos facultés, et nous mettrons notre amour-propre à nous élever sur place par la culture de l'esprit, surtout par une conduite honorable, par une vie utile. Le jour où nous nous inclinerons seulement aussi bas devant la vertu du pauvre que devant la vertu du riche, nous aurons soulagé les deshérités d'une des plus grandes amertumes de leur vie : l'absence de ces marques extérieures de considération dont nous éprouvons tous le légitime besoin ; nous aurons étouffé dans son germe ce triste sentiment d'envie, qui naît peut-être moins de la privation des biens de la fortune que de cette attitude de supériorité dédaigneuse qu'habituellement, et presque à son insu, on prend vis-à-vis des personnes de condition modeste.

Le jour où nous apprécierons à leur taux les inégalités de fonctions et d'aptitudes, où nous n'estimerons dans l'homme que l'être moral, où nous ne nous découvrirons devant la richesse, la puissance, le génie, que lorsqu'ils le mériteront, où nous considérerons le plus humble artisan qui remplit ses devoirs comme bien au-dessus du roi qui manque aux siens..., ce jour-là, nous comprendrons l'égalité.

Oui, mais quand ?

En attendant, je ferme ma parenthèse.

CHAPITRE SEPTIÈME.

De la liberté du Vote.

Le droit de suffrage ne serait qu'un leurre, si l'on n'assurait pas au vote la plus entière liberté.

C'est dans ce but qu'on a adopté le scrutin secret : on a voulu, avec raison, que les électeurs dont la position n'est pas complétement indépendante, pussent voter selon leur conscience, sans que personne eût à leur demander compte de leur choix.

Au premier abord, il semblerait plus digne que les citoyens eussent assez le courage de leur opinion pour voter ouvertement et quoiqu'il pût leur en advenir, mais nous n'en sommes pas là et il faut faire la part de la faiblesse humaine : dans la pratique, le vote à bulletins ouverts aurait pour conséquence d'ôter toute sincérité à quantité de suffrages.

Quelques peuples ont conservé ce mode de scrutin ; aussi leurs élections sont-elles entachées des faits de corruption les plus scandaleux. Si jusqu'alors ces errements n'ont pas eu pour eux de plus fâcheux résultats, cela tient à ce que ces pays sont rompus de vieille date à la liberté, qui n'y excite d'ailleurs aucune crainte et n'y est exposée à aucune entreprise.

Le scrutin secret, une fois admis en principe, il fallait le rendre obligatoire ; autrement il eut toujours été possible, à quiconque a autorité sur les électeurs, de leur forcer la main en les obligeant à voter à bulletins ouverts. C'est pour cela que la loi ordonne expressément de voter avec des bulletins fermés et ne portant aucun signe extérieur de nature à les faire reconnaître. De plus, toute atteinte au secret des votes est prévue par elle et sévèrement punie.

Le secret des votes assure matériellement leur indépendance ;

mais cela ne suffit pas au point de vue moral, car il ne permet aux électeurs d'échapper à certaines intimidations que par un mensonge.

La loi a voulu donner aux consciences une protection plus digne, et elle a édicté des peines très sévères contre toute personne qui chercherait à influencer le vote d'un électeur par des dons ou promesses, par des menaces ou intimidations quelconques.

Il est à remarquer que la pénalité est doublée quand le délit est commis par un fonctionnaire.

La liberté des votes est donc garantie en théorie.

Malheureusement dans la pratique on ne peut pas toujours faire appel à la loi. L'employé, menacé de perdre sa place s'il ne vote pas pour tel candidat, dénoncera-t-il son chef ? D'abord, la plupart du temps il n'a pas de preuves : quand on emploie de tels moyens d'influence, on ne le crie pas sur les toits, et on ne passe pas contrat. Eût-il d'ailleurs des témoignages suffisants, il n'oserait pas s'en servir, car il serait bien certain d'être renvoyé, et la loi le vengerait peut-être, mais ne lui donnerait pas une place.

S'il s'agit d'un fonctionnaire, une autre difficulté surgit : le ministère public ne consent guère à poursuivre, à moins d'une autorisation du conseil d'État, qui a d'autant plus de chances d'être refusée que les membres de ce conseil sont nommés par le pouvoir exécutif.

On le voit, les devoirs d'électeur ne sont pas toujours commodes à remplir : il faut souvent du courage et de l'abnégation pour maintenir intacts son libre suffrage et sa dignité. Ces vertus sont encore la meilleure des sauvegardes, et la loi sans elles n'offre qu'un abri illusoire.

Tout bien considéré, la loi a-t-elle même le droit d'intervenir dans les actes de corruption ou d'intimidation commis par des particuliers ?

Qu'elle punisse le fonctionnaire qui corrompt, à l'aide des deniers publics ou des faveurs dont il dispose, qui se sert de son autorité pour violenter les consciences, ou qui se laisse corrompre lui-même et détourner par dons, promesses ou menaces des devoirs de sa fonction ; qu'elle s'arrange surtout dans ce cas pour n'être pas violée ou éludée, rien de mieux. Qu'elle punisse encore quiconque emploie la force ou la fraude pour empêcher un citoyen d'user de ses droits, c'est justice. Mais ne dépasse-t-elle pas sa sphère d'action, quand elle prétend connaître des faits qui se passent entre simples particuliers et ne revêtent aucun caractère de tromperie ?

Lorsque, par exemple, un patron dit à ses ouvriers : « vous voterez de telle façon ou vous irez travailler ailleurs » ; lorsqu'un citoyen donne une certaine somme ou promet quelque avantage à un autre, pour s'assurer son suffrage : ce sont là des actes honteux et profondément immoraux, mais qui me semblent ne relever que de l'opinion.

C'est ainsi qu'on en juge chez plus d'un peuple libre, où ces manœuvres sont flétries par tous les cœurs honnêtes, mais ne sont jamais poursuivies devant les tribunaux.

Encore une fois, c'est à l'opinion à protéger les citoyens contre elles ; c'est surtout aux citoyens à se protéger eux-mêmes, à ne pas se laisser acheter ou intimider et à mettre l'accomplissement de leurs devoirs au-dessus de toute considération d'intérêt personnel.

Du reste, avec le suffrage universel et le scrutin secret, ces manœuvres doivent devenir de plus en plus rares : non parce que le niveau moral monte, mais parce qu'elles sont frappées d'impuissance. Les consciences à vendre s'achèteraient peut-être moins cher que sous un autre système, mais il faudrait agir sur une trop vaste échelle pour aboutir à quelque chose et il n'est pas facile, surtout à des particuliers, de pratiquer en grand la corruption et l'intimidation. De plus, comme avec le secret des votes on ne serait jamais sûr que les électeurs achetés voteraient comme ils l'auraient promis, ce serait vraiment un métier de dupe que de payer et de s'exposer à une flétrissure pour un résultat plus que douteux.

Aussi, est-ce rarement par ces moyens honteux que l'on cherche en France à s'assurer des suffrages, mais par la pression morale.

Il y aurait encore beaucoup à reprendre sur les tactiques employées de part et d'autre. Il serait fort à désirer qu'on se laissât moins dominer par l'esprit de parti, que l'ardeur du prosélytisme n'entraînât pas à des violences de langage ou à des altérations de la vérité, que l'on rompît enfin avec cette vieille maxime : *« la fin justifie les moyens. »*

Mais si les procédés en usage manquent trop souvent de modération et même de droiture, cette pression, en somme, est légitime ; on peut même dire qu'elle est inévitable et nécessaire. Dans une démocratie surtout qui n'a pu, avec l'égalité politique, proclamer l'égalité d'intelligence et d'instruction, que deviendrait-on si l'expérience et les lumières ne parvenaient à reconquérir, par l'influence morale, la place qu'elles méritent et à reprendre la haute main sur la direction des affaires ?

C'est incontestablement le droit de chacun d'agir librement sur l'esprit des électeurs dans le sens de ses opinions ; c'est le droit égal de tous les partis de présenter leurs candidats et de leur gagner le plus de voix possibles.

Ce droit, le pouvoir exécutif seul ne l'a pas. Qu'au moment d'une élection, il use largement de la publicité dont il dispose pour défendre ses actes, attaqués et présentés peut-être sous un faux jour par les opinions adverses, c'est son droit.

Mais qu'il désigne lui-même les candidats aux suffrages des électeurs ; que, non content de cela, il les défende par tous les moyens en son pouvoir ; qu'il transforme tous ses agents, préfets, maires, gardes-champêtres, etc., en courtiers d'élection ;

qu'il fasse agir tout ce qui relève de lui à un titre quelconque ; que, par surcroît, il fasse payer les frais de la lutte par le budget, c'est-à-dire par tout le monde et par conséquent par ses adversaires eux-mêmes : ce sont là des prétentions que l'on ne saurait admettre.

Pour poser des candidatures officielles, le gouvernement s'appuie sur les arguments suivants : « Je suis là, dit-il, par la volonté « du peuple, et le grand nombre de suffrages qui m'ont porté « aux affaires, prouve la confiance qu'il m'accorde. En face « d'une opposition violente et disciplinée, je ne puis rester désar- « mé, et le laisser livré aux menées des partis. Mon devoir est « d'empêcher qu'il ne s'égare ou qu'on ne l'égare. »

Ces raisons ne sont que spécieuses, et il est facile d'y répondre.

Et d'abord cette confiance, est-il sûr de la posséder encore ? N'a-t-il pas pu, entre deux scrutins, commettre des fautes qui la lui aient fait perdre ? Le peuple, d'ailleurs, n'a-t-il pas changé d'avis ?

Ce sont précisément là des questions que des élections libres et sincèrespeuvent seules vider.

Puis que sont après tout les agens du pouvoir exécutif, depuis le premier jusqu'au dernier, sinon les chargés d'affaires de la nation ? Est-ce que les députés, en votant les lois, en discutant tous les ans le budget, en examinant librement le compte des recettes et des dépenses, n'exercent pas sur les actes du gouvernement un droit de contrôle très réel, très puissant ? Ne tiennent-ils pas les cordons de la bourse ? Et si la majorité est mécontente de sa gestion, ne peut-elle point par son vote le forcer à changer sa ligne politique, à se retirer même, si le désaccord est trop profond ? De quel droit alors le contrôlé prétendrait-il indiquer aux électeurs, ceux qu'il désire avoir pour contrôleurs ? Si dans la moindre administration on manifestait une prétention aussi étrange, ce serait un tolle général.

Étant donc admise la réalité du contrôle, et la question de confiance ne pouvant être vidée que par l'élection même, il est évident que si le pouvoir exécutif pèse avec toute la force de sa position sur le choix des électeurs, il risque de détruire la sincérité de ce contrôle, et par là porte une grave atteinte à leur souveraineté.

Quant à prétendre que, sans les candidatures officielles, le gouvernement serait désarmé et que le pays resterait livré sans contrepoids aux manœuvres de l'opposition, c'est faire vraiment trop bon marché de l'opinion conservatrice et de sa force.

Le jour où l'administration n'agirait plus directement, cette opinion agirait en son lieu et place, et cela avec beaucoup plus de convenance et d'avantage pour tout le monde. Un gouvernement qui en douterait décèlerait par cela même sa faiblesse : ce serait reconnaître que son autorité n'a ni racines profondes, ni sympathies sérieuses et ne se soutient, pardon de l'expression, qu'à la force du poignet.

Je suis d'ailleurs assez disposé à croire que ce système des candidatures officielles est encore plus préjudiciable au gouvernement qui l'emploie qu'à la liberté.

Que l'on ne s'y trompe pas : ce qui fait le succès des candidats de l'administration, ce n'est pas la crainte qu'elle inspire, crainte peu compréhensible d'ailleurs avec le scrutin secret, qui permet toujours d'échapper aux conséquences de son vote, c'est l'indifférence des électeurs : ils n'ont pas de parti pris, et se laissent volontiers dériver à la seule influence sérieuse qui pénètre jusqu'à eux, surtout dans les campagnes ; mais le jour où ils auront une volonté bien déterminée, aucune pression ne les empêchera de la manifester : ils l'ont déjà prouvé, ils le prouveront encore.

Quant au gouvernement, c'est autre chose. Si le rôle actif qu'il joue dans les élections influe réellement sur leur résultat, il risque de créer une majorité factice et de se trouver à l'improviste en flagrant désaccord avec la véritable opinion du pays, danger grave pour un pouvoir issu de l'opinion et qui ne saurait vivre sans son appui. Si au contraire il est avéré que les électeurs livrés à eux-mêmes auraient fait à peu près les mêmes choix, il se sera donné en pure perte les apparences d'une pression qui diminue le prestige de la majorité, et dont ses adversaires se font une arme contre lui.

Que sera-ce, si, malgré ses efforts, ses candidats restent sur le carreau? Sa défaite alors aura une immense portée, car il aura été battu en personne, en bataille rangée et sans atténuation possible.

CHAPITRE HUITIÈME.

Des libertés nécessaires à l'exercice du droit de suffrage.

Il ne suffit pas que les électeurs soient assurés de voter librement, il faut encore qu'ils puissent le faire avec connaissance de cause.

Aussi, même en restant dans les limites de la constitution actuelle, est-il aisé de démontrer que la liberté de la presse et le droit de réunion sont des conséquences forcées du droit de suffrage.

Voilà en effet des citoyens appelés à choisir entre divers candidats leur député, c'est-à-dire un homme de confiance chargé d'aller en leur nom au Corps législatif discuter et voter les lois et le budget du pays, ce qui implique, comme je l'ai dit plus haut, un contrôle très réel des actes du pouvoir exécutif.

C'est là un mandat de la plus haute importance, que l'on ne doit pas donner à la légère et sans avoir pris ses gages. Il est indispensable que ce député, entre les mains duquel les électeurs vont remettre pour six ans l'exercice effectif de leur souveraineté et dont la parole et les votes pourront influer puissamment sur la conduite des affaires, leur offre des garanties d'indépendance loyale et éclairée et que ses opinions, au moins sur les points capitaux, soient en harmonie avec les leurs.

Il faut donc qu'ils puissent se renseigner sur sa valeur intellectuelle et morale et sur l'ensemble de ses convictions ; il faut auparavant qu'ils aient été mis eux-mêmes en position de se former une opinion quelconque sur tout ce qui se rattache à la chose publique.

Or, c'est surtout par la presse périodique, par les journaux, que l'on apprend ce qui se passe : c'est là que se discutent les questions à l'ordre du jour ; là qu'on trouve consignés les actes officiels, leur défense et les critiques qu'ils soulèvent.

Quelle chance aura-t-on de savoir la vérité, si, comme cela avait lieu tout récemment encore en France, on laisse au gouvernement la latitude d'accorder ou de refuser à qui lui plaît l'autorisation de fonder des journaux et s'il peut suspendre et supprimer ceux qui lui portent ombrage ?

Il est bien difficile d'être impartial dans sa propre cause et, sans suspecter en rien les intentions des détenteurs du pouvoir, il est permis de craindre que, tout aussi faillibles que qui que ce soit, ils ne se trompent, n'aiment pas qu'on le leur dise, et que, pouvant à leur gré donner ou couper la parole, ils n'imposent silence aux voix assez peu galantes pour relever leurs erreurs.

Toute critique porte infailliblement sur les nerfs, et il ne faut pas compter aveuglément sur la modération de celui qui en est l'objet. La prudence la plus élémentaire exige que l'agent responsable, le contrôlé, ne reste pas le maître d'ouvrir ou de fermer les sources où ceux qui le contrôlent vont puiser leurs renseignements sur ses faits et gestes, et que le critiqué ne s'établisse pas juge de la convenance et de la valeur des critiques.

Si l'on veut que la vérité jaillisse, qu'on laisse le champ libre à la discussion ; que chacun puisse exprimer librement son opinion sur les hommes et sur les choses, de vive voix ou par écrit ; que non-seulement on ait le droit de fonder un journal, sans en demander au préalable l'autorisation à un pouvoir dont on va peut-être blâmer la marche, mais que la presse sous toutes ses formes soit débarrassée des entraves, (timbre, loi du colportage, responsabilité des imprimeurs, etc), dont on l'a chargée, sous prétexte de prévenir ses excès.

Des excès ? Sans doute elle en a commis, elle en commettra malheureusement encore. Mais presque toujours ses licences tombent impuissantes sous le dédain ou le mépris.

Ni la société, ni le gouvernement ne restent d'ailleurs sans défense contre des attaques insensées ou coupables. Personne ne songe à en réclamer l'impunité ; tout ce que l'on demande, c'est que la possibilité de l'abus n'en fasse pas interdire ou n'en gêne pas l'usage ; si l'abus se produit, il sera toujours temps de le réprimer : c'est l'affaire des tribunaux.

Quand je dis les tribunaux, entendons-nous. Je ne veux me permettre aucune insinuation contre la magistrature française cependant on me concédera bien qu'elle prend un peu sa part des faiblesses de l'humanité.

Cette opinion n'a rien d'exorbitant, et la preuve, c'est qu'on a de longue date jugé à propos d'assurer l'indépendance des magistrats en décrétant leur inamovibilité. Seulement c'est là une garantie incomplète : il ne suffit pas que le pouvoir exécutif ne puisse pas les destituer, il faudrait encore que leur avancement ne fût pas à sa discrétion.

Ils se trouvent placés en effet, quand il s'agit de juger des délits politiques, entre leur devoir et les intérêts de leur carrière : si grande que soit leur impartialité, n'est-elle pas exposée à fléchir devant la crainte d'être désagréable au pouvoir ?

C'est déjà trop qu'on puisse le supposer : gardienne inflexible du droit et des lois, la magistrature doit planer au-dessus de orages de la politique, rester le bouclier de tous et ne devenir jamais une arme entre les mains de personne.

Tant qu'on n'aura pas réussi à introduire dans son organisation des réformes qui sauvegardent entièrement son indépendance, ce sera une raison de plus pour éviter tout ce qui peut la faire descendre des hauteurs de sa mission, pour la tenir en dehors de toutes les luttes de partis et réserver l'appréciation des délits politiques à un jury, tiré au sort et vierge de tout triage administratif.

Le droit de réunion est aussi nécessaire que la liberté de la presse à l'éducation civique des électeurs.

Combien d'hommes ne savent pas lire avec les yeux de l'esprit! Où n'ont pu pénétrer ni le livre, ni la brochure, ni le journal, la parole se glisse et se fait écouter. La pensée parlée a sur la pensée écrite de grands avantages : elle est en position de se tenir constamment au niveau de son auditoire ; selon qu'elle se sent comprise ou non, elle continue sa route ou revient sur ses pas ; elle revêt s'il le faut une autre forme ; elle reçoit l'objection et cherche à la réfuter séance tenante ; enfin, par l'attrait et l'animation du débit, elle fixe une attention souvent rebelle à la lecture.

Ces deux procédés d'enseignement se complètent d'ailleurs l'un par l'autre et chacun a son rôle particulier à remplir.

Quand les barrières seront levées, quand les citoyens pourront se réunir paisiblement en nombre quelconque, pour n'importe quel objet, où, quand et comme il leur plaira, sans avoir à en demander la permission ni à en rendre compte à personne ; quand l'opinion qu'ils professent ne sera plus, pour les conférenciers, un motif d'exclusion ; quand on ne sera plus obligé de laisser de côté les matières les plus importantes à enseigner, ou de prendre le mot d'ordre du gouvernement sur la manière dont il entend qu'on les traite, alors les conférences se multiplieront : le peuple, qui y sentira le souffle d'une pensée libre, y prendra goût et son instruction marchera à pas de géant.

La liberté des réunions n'importe pas moins au bon choix des mandataires de la nation.

Les électeurs se sont beaucoup trop accoutumés à voter sous la pression du parti qui représente à peu près leur opinion respective, — quand toutefois ils ont une opinion.

Ils ne demandent pas ce que vaut un candidat, mais qui le patrone.

Une discipline est certainement utile, elle est même nécessaire. Sans elle les suffrages s'éparpilleraient et le parti qui ne lui obéirait pas serait sûr d'être toujours battu. Seulement elle devrait résulter d'une entente préalable du corps électoral au lieu d'être, comme aujourd'hui, imposé par une minorité.

Que se passe-t-il, en effet ? A l'approche des élections, il se forme dans chaque parti un comité composé de quelques individualités, sans autre mandat que celui qu'elles se donnent, soit par dévouement à la chose publique, soit par le désir de se mettre en avant. Chacun de ces comités choisit parmi les candidats celui qu'il entend patroner, ou en produit un nouveau ; il s'assure, s'il est possible, le concours d'un journal ; puis, à l'ouverture de la période électorale, il fait afficher des circulaires, répandre à profusion des bulletins de vote ; il lance des agents dans toutes les directions, fait feu enfin sur toute la ligne.

On a bien dans l'intervalle cherché à s'aboucher avec des électeurs notables, dans un certain nombre de communes, mais ces relations sont peu fréquentes, presque toujours personnelles et influent rarement sur la désignation du candidat ; de sorte qu'en thèse générale on peut dire que cette désignation se fait sans que la masse des intéressés ait été sérieusement consultée.

Si l'on avait en tout temps la faculté de se réunir, les choses se passeraient autrement. Les citoyens contracteraient, d'une élection à l'autre, l'habitude de rapports suivis avec les hommes disposés à briguer l'honneur de les représenter ; ils apprendraient à les connaître de plus près et plus efficacement que par une profession de foi souvent trompeuse, toujours insuffisante ; ils les interrogeraient, se pénétreraient de leurs idées, de leurs sentiments ; ils recevraient d'eux, sur la manière d'envisager les différentes questions, des explications certainement aussi utiles à l'instruction des électeurs, qu'à leur édification sur la valeur des prétendants. Ceux-ci de leur côté, par ces contacts multipliés, seraient bien mieux renseignés sur l'état de l'opinion, ce qui serait loin de leur nuire s'ils arrivaient à la Chambre.

Au lieu d'être à la discrétion de quelques meneurs actifs, les candidatures se posant dans des réunions nombreuses, y étant discutées et consenties, les élections offriraient beaucoup plus de chance d'être l'expression vraie de la volonté du pays, et l'autorité morale des législateurs ne pourrait qu'y gagner.

Il y a, je le sais, une ombre au tableau. Autant et plus encore que la liberté de la presse, celle des réunions publiques peut livrer passage aux folles doctrines, troubler les esprits et entretenir une certaine agitation. Qu'y faire ? Dès que l'on accepte le dogme de la souveraineté nationale et qu'on le met en pratique, il faut savoir accepter les libertés qui en découlent. Si elles ne sont pas sans danger, il est plus périlleux encore de chercher à les refouler. Elles blessent, mais elles guérissent les blessures qu'elles font, tandis qu'elles tuent ceux qui se mettent en travers de leur route : l'histoire est là pour le dire. Le parti le plus sage est d'apprendre à vivre avec elles.

Pourquoi, après tout, s'effrayer de leurs excès ?

Ils sont le plus souvent une effervescence momentanée, la revanche d'un long asservissement ou le résultat de la contradiction, une protestation ardente et passionnée contre des tentatives de réaction. Ne voit-on pas les peuples qui vivent depuis longtemps sous le régime de la liberté et qui n'ont rien à craindre pour elle, marcher hardiment dans sa voie sans se préoccuper des licences qui peuvent se commettre et qu'ils laissent s'épuiser d'elles-mêmes avec la plus dédaigneuse indifférence ?

Ce serait d'ailleurs une étrange illusion que d'espérer ici-bas le calme et la sécurité absolus.

Pour les sociétés comme pour les individus, la vie est un combat. C'est pour l'humanité une lutte incessante entre ses imperfections, ses vices qui la font à chaque instant dévoyer, et le sentiment profond de sa perfectibilité qui, à travers bien des secousses et des hésitations, la ramène tôt ou tard vers le progrès.

Plus on plonge dans son passé, plus on la trouve en proie à d'épouvantables désordres, à toutes sortes de misères physiques et morales. Chaque fois qu'elle subit le despotisme, c'est sans compensation : il ne lui procure pas même la morne quiétude de l'engourdissement. Pendant de longs siècles de servage, elle s'agite, inconsciente de ses droits, pour des intérêts qui ne sont pas les siens ; mêlée malgré elle aux perpétuels et sanglants conflits des races royales et des castes privilégiées, elles se débat dans les convulsions stériles de leurs ambitions égoïstes et mesquines, et si l'on compte bien, elle a subi pour changer de chaînes plus de terribles cataclysmes qu'elle n'en traversera jamais pour se faire libre.

Certes, on peut avancer hardiment, nos annales à la main, que jamais la liberté en ses plus mauvais jours n'a commis d'aussi funestes excès que le despotisme. Quoi que l'on ait par exemple à reprocher à la révolution française, si elle a fait tomber des têtes innocentes, si elle a plongé dans le deuil bien des familles, du moins elle a édifié un monde, et ses plus déplorables licences ne l'ont pas empêchée de placer la société nouvelle sur des bases plus solides et plus équitables. Il ne restera bientôt plus que la cicatrice de ses blessures et ses bienfaits.

Que reste-t-il du despotisme ? Du sang, des larmes, des ruines et rien après.

Il n'a jamais rien édifié que sa propre fortune : édifice éphémère comme lui, cher à construire, cher à renverser. Il n'a que les apparences de la grandeur et de la solidité. OEuvre d'un homme, il disparaît le plus souvent avec lui, ou s'écroule sous une faute, après s'être élevée par un crime.

Il a trop peur de l'idée pour être jamais un agent de progrès et de prospérité véritable. Il dépense en pompes et en vaine gloire les forces vives des nations, et les épuise à dorer leurs chaînes ou à les cacher sous des lauriers.

Malgré sa splendeur et ses grands côtés, il conduit la civilisation en arrière, finit par atrophier les sociétés qu'il comprime, et les mène à la décadence, si elles ne se relèvent pas violemment par une révolution.

La liberté, elle, a fait ses preuves et porte d'autres fruits. Tous les peuples qui l'ont conquise sont devenus puissants et prospères. C'est à elle que la civilisation moderne doit tout :

elle a été son grand instrument de régénération, et c'est en elle que l'avenir trouvera sa meilleure garantie de stabilité et d'ordre social.

Car la licence n'est pas son abus, mais sa négation. On oublie trop cette vérité élémentaire, que la liberté de chacun est limitée par celle d'autrui et qu'on n'en peut prendre plus que sa part, sans voler celle des autres. Dès qu'un peu de licence se produit, nous ne manquons pas de nous en prendre à la liberté : nous lui courons sus, comme à une bête fauve échappée ; nous aidons ses cornacs à lui limer les dents, a lui rogner les ongles et nous ne sommes rassurés que quand nous la voyons si bien empêtrée dans un lacis de lois préventives qu'elle ne peut plus bouger.

Il est vrai que bientôt la scène change. Comme nous ne tenons jamais tant à ce que nous avons que quand nous ne l'avons plus, nous trouvons très mauvais qu'on se soit permis de traiter ainsi cette pauvre liberté : nous malmenons ses cornacs, nous nous remuons tant, que nous finissons par la débarrasser de ses entraves ; nous ne sommes contents que quand nous la revoyons sur pied, alerte et dispose, et nous battons des mains quand ses dents et ses griffes ont repoussé.

Depuis trois bons quarts de siècle que nous nous agitons dans ces alternatives, que de luttes nous aurions évitées, si nous avions bien voulu nous mettre dans la tête que toute licence est une atteinte à un droit ou à une liberté ; si, au lieu de chercher le remède dans une restriction à la liberté elle-même, ce qui est absurde et ne fait qu'aggraver le mal, nous nous étions attachés à assurer, par de bonnes lois, l'exercice des droits et de la liberté de chacun, à empêcher qui que ce soit d'empiéter sur les droits et la liberté d'autrui. Ce n'est cependant pas l'expérience qui nous manque : il me semble que nous l'avons payée assez cher.

CHAPITRE NEUVIÈME.

Où s'arrête le droit des majorités.

Les majorités ont une funeste tendance à abuser de leur pouvoir, et à considérer la volonté du plus grand nombre comme une loi suprême qui légitime tout. Leur omnipotence de fait n'est malheureusement pas douteuse : elles ont la force matérielle en main et n'ont pas de contre-poids, surtout lorsqu'elles émanent du suffrage universel ; si elles se trompent, ce qui s'est vu et ne se verra probablement encore que trop souvent, on n'a contre leurs erreurs d'autre recours qu'un appel de la majorité fourvoyée à la majorité mieux éclairée.

C'est là un des dangers de la démocratie. Danger plus grand encore pour la liberté que pour l'ordre social : les masses ont plus de besoins physiques que de besoins moraux ; et comme, dans notre société éminemment laborieuse et industrielle, le désordre leur coupe les vivres en arrêtant les transactions, elles ne tardent pas à réagir vigoureusement contre lui, sans se préoccuper le moins du monde de ce que deviendront les libertés publiques. La démocratie sera menaçante et menacée, tant qu'elle n'aura pas accepté franchement les bornes imposées à ses fantaisies par la raison et les principes même sur lesquels elle repose, tant qu'elle n'aura pas compris que le droit des majorités n'est pas absolu et doit se courber devant des droits antérieurs et supérieurs.

Il y a d'abord la loi morale. Une nation, fut-elle unanime à décréter la banqueroute, à autoriser le parjure, à proscrire ou spolier des innocents, ces actes n'en seraient pas moins des iniquités qui tôt ou tard reçoivent leur châtiment, les coupables s'appellassent-ils légion.

Quand une majorité s'est engagée dans une voie mauvaise, ou bien elle y persiste et entraîne la société à la démoralisation et à la décadence ; ou bien sa conscience se réveille, elle a honte de ce qu'elle a élevé ou laissé s'élever sur des bases criminelles, et l'écrase avec d'autant plus de colère qu'elle se sent plus coupable.

Dans l'ordre politique, l'essence même du suffrage universel indique les limites du pouvoir des majorités.

Reconnaître à tous les citoyens le droit de concourir à titre égal à l'élection de leurs législateurs, c'est par cela même reconnaître à chacun le droit d'avoir une opinion sur toutes choses, de l'exprimer librement et de chercher à la faire prévaloir par le scrutin et par tous moyens de persuasion.

Il n'est permis à personne, pas plus à une majorité qu'à un simple particulier, de porter aucune atteinte à ce droit. Une majorité n'est en définitive qu'un ensemble d'opinions analogues qui n'a pu se constituer que par la libre expression des opinions individuelles.

Elle est exposée à d'incessantes fluctuations. Le personnel électoral lui-même varie dans des proportions assez fortes, puisque tous les ans plus de 300,000 français atteignent leur vingt unième année ; en outre, une foule de raisons peuvent modifier la manière de voir de chacun. Il serait donc absurde à une majorité, qui ne s'est formée que grâce à la liberté des opinions et qui n'est pas sûre de représenter demain ce qu'elle représente aujourd'hui, de s'opposer à ce que la minorité expose et défende des doctrines, qui d'un moment à l'autre peuvent devenir celles du plus grand nombre.

Elle a certainement qualité pour prendre des mesures, voter des lois, passer des traités, diriger les affaires dans le sens de ses convictions et obliger les membres de la minorité à respecter les conventions qu'elle aura établies, mais à cette condition expresse qu'aucune de ces lois, de ces prescriptions, n'entravera l'expression des opinions de cette minorité, ni la libre discussion des actes de la majorité.

Il importe de ne pas considérer le droit de discussion, comme un droit de désobéissance. Dans un pays surtout où la nation choisit ses législateurs, on doit pouvoir toujours se prononcer sur la valeur d'une loi : si on la juge mauvaise, la combattre avec les armes du raisonnement et s'efforcer d'obtenir par les voies régulières qu'on l'abroge ou qu'on l'améliore ; mais, sauf le cas où elle attenterait à un de ces droits naturels que ne saurait prescrire aucun droit écrit, tant qu'une loi existe, elle doit être obéie : quelle qu'elle soit, elle est une sauvegarde ; si, sous prétexte qu'elle semble injuste ou défectueuse, chacun se croyait autorisé à l'enfreindre, il n'y aurait plus de société possible : on tomberait dans l'anarchie, et de là dans le despotisme. Une nation n'est digne de la liberté et ne la conserve, que lorsqu'elle sait respecter et faire respecter les lois qu'elle s'est données.

Ici se présente une question grave devant laquelle je n'entends pas reculer.

Un peuple peut-il abdiquer l'exercice de sa souveraineté ?

Evidemment non. La souveraineté, est une propriété inaliénable, appartenant à l'ensemble des générations qui se succèdent et dont chacune d'elles n'a que l'usufruit. Il peut se faire qu'en face d'un danger réel ou imaginaire, un peuple croie nécessaire de concentrer l'autorité entre les mains d'un seul et pense même se mettre à l'abri de crises ultérieures en rendant cette autorité héréditaire dans une famille.

Il se laisse dominer par la question de salut public : plutôt que de périr ou de se débattre dans un désordre énervant, il préfère sacrifier ses principes les plus chers et ses droits les plus sacrés. S'il se juge, en effet, incapable de se diriger lui-même et de supporter la liberté, s'il sent qu'il lui faut une main de fer pour enrayer sa chute, soit ; seulement l'aveu seul d'une telle impuissance est une sorte de dégradation et on l'a dit justement : une nation n'a que le gouvernement qu'elle mérite.

Encore ne se trompe-t-elle pas quand elle espère trouver dans l'hérédité un refuge contre les éventualités de l'avenir ?

L'hérédité lui continuera-t-elle cette autorité forte que lui semble exiger son état moral et sa situation ? Quand l'homme en qui elle a placé sa confiance disparaîtra, ne pourra-t-il pas être remplacé par un enfant, ce qui expose à une régence, le pire de tous les éléments de faiblesse et de désordre , ou par un être sans énergie, sans valeur personnelle, vicieux, mal intentionné ? Où sera donc la sécurité ?

Puis cette hérédité, sur quoi repose-t-elle ? Sur une décision du peuple. Or, le peuple peut toujours défaire ce qu'il a pu faire, et tout contrat par lequel il engage dans l'avenir l'exercice de sa souveraineté, n'a de valeur qu'autant qu'il plaira à l'avenir de le ratifier.

L'hérédité a donc un caractère tout à fait précaire, conditionnel : quelles que soient les raisons qui ont pu engager une nation à concentrer l'autorité, elle doit se réserver le moyen de recouvrer, quand elle le voudra, l'exercice de sa souveraineté, sans être obligée de recourir à une révolution. Mais ce qu'elle a de mieux encore à faire, c'est de se mettre en état de se gouverner elle-même ; c'est de devenir assez instruite, assez sage, pour n'éprouver jamais, non-seulement le besoin, mais même la tentation d'abdiquer, fût-ce momentanément, entre les mains de qui que ce soit.

J'ai dû, dans ces quelques pages, me borner à parler des conséquences les plus immédiates du droit de suffrage et laisser de côté des questions de la plus haute importance ; mais ce n'est que partie remise et je compte dans de prochains opuscules reprendre avec quelque détail les points principaux du programme de la démocratie libérale qui n'ont pu trouver place ici : notamment ceux qui ont trait au budget, à l'organisation de l'armée, aux libertés communales et aux rapports des cultes et de l'Etat.

En attendant, si j'ai su me faire comprendre, j'ose espérer que mes lecteurs pourront un peu mieux se reconnaître au milieu des influences contradictoires auxquelles ils sont exposés.

Qu'une élection survienne, leur choix sera facile. Sachant quelle est la somme de libertés nécessaires à l'exercice de leur droit de suffrage, ils n'auront qu'à mettre en regard de ce qu'on leur donne ce que réclament pour eux les libéraux.

Puissent-ils surtout, se pénétrant de plus en plus de l'étendue de leurs droits et de la gravité de leurs devoirs, faire désormais moins bon marché des uns et des autres et apprendre à remplir consciencieusement et intelligemment leur mandat de citoyens. On ne saurait trop le répéter : il ne s'agit pas seulement ici des libertés publiques, mais du salut de la France et de l'avenir de la civilisation.

E. NOLLET.

TABLE DES MATIÈRES.

Nancy, imprimerie de N. Collin.

www.ingramcontent.com/pod-product-compliance
Ingram Content Group UK Ltd.
Pitfield, Milton Keynes, MK11 3LW, UK
UKHW021009120726
13693UKWH00004B/1878